AF230666

GLOIRE AUX MARTYRS

1870-1872

LE

DRAME DE CUCHERY

PAR

H. VIDAL

DU CHEMIN DE FER DE L'EST

REIMS

IMPRIMERIE ET LIBRAIRIE MATOT-BRAINE

Rue du Cadran-Saint-Pierre, 6.

—

1873

PRÉFACE

De tous les douloureux épisodes qui se sont succédé pendant les deux terribles années que nous venons de traverser, le drame de Cuchery, dont le premier acte s'est passé à Belval et le dernier à Reims, est un de ceux qui, soit par les circonstances qui l'ont engendré et accompagné, et la barbarie qui les caractérise, soit par les qualités et la position de la victime, offrent le plus d'intérêt.

La France entière en a retenti, et partout il a soulevé les mêmes sentiments, c'est-à-dire l'estime, l'admiration, la vénération pour le martyr et l'opprobre et l'exécration pour les bourreaux.

Mais entre l'un et les autres, il existe de bien grands coupables, dont les noms restent encore dans les ténèbres, et que par un de ces pressentiments dont Dieu seul a le secret, l'opinion publique flétrit d'avance.

Vérité et impartialité ! telles sont d'ordinaire les qualités indispensables à un récit historique.

Nous restons constamment dans le cours de cet opuscule dans le sentier de la première, pour marcher sans erreur à travers le dédale des péripéties de ce sombre drame, sans nul souci des récriminations qu'elle pourra soulever de la part de ceux qui ont intérêt à ne pas l'entendre. Nous la soumettrons en outre à la publicité dans toute la majesté de sa nudité, car c'est à Cuchery même, où s'est ourdi ce tissu d'infamies et d'iniquités, qui ont conduit un honnête homme et un digne prêtre au supplice, que nous avons été la chercher et nous la transmettrons telle que nous l'avons recueillie de la bouche de ces bons et simples campagnards qui frémissent encore aujourd'hui d'épouvante et d'indignation au souvenir de ce qui s'est passé sous leurs yeux.

Nous restons impartial et juste, sans nous inquiéter des lâchetés que notre plume pourra heurter en passant, comme nous serons sans exagérations et sans broderies pour les actes honorables qu'elle va rencontrer sur sa route, et faisant la part de l'amplification qui se glisse d'habitude dans les chroniques populaires, nous laisserons aux lecteurs le soin d'approfondir et d'apprécier les hommes et les faits et à Dieu, celui de les juger et de prononcer en dernier ressort.

CHAPITRE PREMIER

CUCHERY

Celui qui n'a jamais habité les petites localités ne pourrait se faire une idée exacte des méchancetés proverbiales et des tracasseries de toutes sortes qui se heurtent, se croisent, s'entrechoquent et tourbillonnent dans ce petit cercle d'âmes vivantes qu'on nomme le village.

Le maire y est d'ordinaire un bon gros fermier parvenu à l'aisance et qui se trouve heureux d'ajouter aux quelques sous qu'il a amassés le prestige et l'éclat de l'écharpe municipale avec laquelle il se pavane triomphalement les jours de *Te Deum*, de fête du pays, de tirage au sort, etc, au grand étonnement parfois de son incapacité littéraire et au détriment d'un pauvre paria qui lui sert de doublure et qui, pour un maigre profit, sue sang et misère sur les paperasses des archives, du greffe et de l'état-civil de la commune.

Il est en outre le représentant du gouvernement, le chef du pouvoir exécutif de la localité, et quelquefois, ainsi que cela s'est vu sous l'empire, la cheville ouvrière des candidatures officielles.

Il occupe un banc d'honneur à l'église le dimanche, reçoit le coup d'encensoir de rigueur à la messe, lit son journal chaque jour afin de poser aux yeux de ses administrés pour un homme grave et politique même en n'y comprenant rien, a des amis par ci, des ennemis par là, des courtisans à droite, des détracteurs à gauche, et est toujours le chef d'une coterie qui le suit comme son ombre.

Le garde champêtre est l'exécuteur vélocipède de ses volontés municipales et représente à lui seul l'armée placée sous ses ordres pour assurer la tranquillité publique et imposer le respect des lois et de l'autorité.

La deuxième puissance du village est de plein droit celle de Monsieur le curé, qui, toujours lettré, anticipe facilement sur la première en la dominant par l'influence.

Entre ces deux personnages, flotte comme un morceau de liége ballotté entre deux vagues, la silhouette d'un être mixte et affublé de la situation la plus fausse qu'il soit permis à un homme d'occuper; je veux parler du maître d'école.

Il sonne les cloches de l'un, habille l'autel et les images saintes le samedi, entone le *Credo* le dimanche, le *Miserere* aux enterrements et reprend le lundi la férule doctorale pour enseigner aux enfants les principes de la langue française, le catéchisme, et les conduire à l'église en leur faisant bégayer tant bien que mal un latin qu'il n'a pas lui-même appris, du fauteuil de la présidence de son école il passe ensuite dans un autre en sous ordre au secrétariat de la mairie, où il devient le porte-plume naturel et direct de Monsieur le maire, le rédacteur en chef de tous ses actes et quelquefois même, l'humble confident de ses petits péchés municipaux et particuliers.

Viennent ensuite : 1° Le gendarme lorsqu'il en est alloué un, qui double le garde champêtre en occupant ses loisirs à captiver par l'attrait de l'uniforme et de la moustache l'une des jeunes filles du village les plus favorisées du côté de la dot.

2° Le capitaine des pompiers, qui pose pour le Maréchal de France, et sa compagnie qui, en outre de sa spécialité et de son utilité incontestable et honorable à l'heure des sinistres, escorte en grande tenue les processions de la Fête-Dieu et passe la revue sur la place aux jours de fêtes nationales. Nous verrons plus tard, quel rôle important a joué innocemment dans le triste holocauste de Cuchery la compagnie des sapeurs-pompiers de cette localité.

Quand tous ces éléments d'autorité vivent en parfait accord, cela marche comme sur des roulettes, mais quand la discorde se met de la partie et vient troubler l'équilibre de l'ensemble, il en survient un gigantesque tohu-bohu dans lequel il est impossible de se reconnaître.

Les coteries se forment de toutes parts et se déchirent à l'envi ; les cancans s'enveniment et prennent le caractère de la diffamation ; les querelles, les procès, les rixes viennent grossir le cortége de la mésintelligence, et Dieu sait ce qu'il pourrait en advenir si un changement quelconque n'arrivait pas toujours à temps pour rétablir l'entente et l'harmonie.

C'est dans une situation à peu près analogue à celle qui vient d'être tracée ci-dessus que boitait péniblement vers les derniers jours de l'empire, la commune de Cuchery, petit village de 468 habitants dans l'arrondissement de Reims, canton de Châtillon-sur-Marne, ayant pour annexe comme paroisse Belval, lorsque survint l'invasion qui devait donner à ces incidents de la vie ordinaire du village une teinte plus lugubre et plus sombre et faire un martyr de l'homme dont il va être question dans le chapitre suivant.

CHAPITRE II

L'ABBÉ MIROY

Charles Miroy, en dernier lieu curé de Cuchery, naquit d'une famille très honorable à Mouzon (Ardennes), et devenu homme, se voua à la carrière ecclésiastique.

C'était une de ces natures ardentes et loyales, qui attirent et subjuguent en éveillant la sympathie.

Ses traits, ses allures exhalaient un parfum de vivacité et de franchise, qui captivait à première vue.

Rien n'existait en lui du prêtre bourré de préjugés absurdes et fardé d'hypocrisie ; il savait sans altérer la majesté de la religion, ni porter atteinte au respect qui lui est dû, se mettre à la portée de ses semblables et marcher avec elle à la hauteur de son époque.

Pourvu d'idées larges et libérales, il n'avait point oublié que l'Eglise à sa naissance avait été essentiellement démocratique, et s'il faut en croire une opinion assez répandue et assez mal fondée, il ne vivait pas à cause de cela même dans les rangs ecclésiastiques, en forte odeur de sainteté.

Qu'importe ! Jésus lui-même n'avait-il pas vécu honni

et baffoué ? ne lui reprochait-on pas journellement de ne hanter que des gens de rien et d'avoir des égards pour Marie la Magdaléenne ? ne le couvrait-on pas d'opprobres et de malédictions ?... et cela l'empêchait-il d'attirer à lui la foule avide de le voir et de l'entendre et de captiver le peuple qui, en échange, le couvrait de vénération et de fleurs.

Hélas ! Jésus était l'ami des pauvres, le défenseur des opprimés, et comme de nos jours, ils n'étaient que trop nombreux.

Si le glorieux martyr du Golgotha n'était point déjà monté aux cieux et n'avait pas été reconnu Dieu, c'est encore à la démocratie qu'appartiendraient le devoir et l'honneur de l'y élever en le proclamant comme tel.

Doué d'une intelligence profonde et d'un cœur pur, généreux et dévoué, l'abbé Miroy n'ignorait pas que l'ordination du prêtre n'exclut pas la qualité de Français, et que l'amour de Dieu ne doit pas absorber et étouffer celui de la patrie que nous tenons de lui.

L'honorable prêtre Miroy était dans le vrai.

Si en temps de guerre ordinaire et extérieure, le rôle du prêtre vivant hors du monde se borne à de simples prières pour le succès des armes de ses compatriotes, il n'en est pas de même à l'heure où l'ambition coupable et sanguinaire d'un ambitieux conquérant place brusquement un peuple sur le terrain de la légitime défense.

Du moment où la voix frémissante de la patrie en danger a jeté son premier cri d'alarme, dès que le premier peloton des cohortes étrangères a violé la ligne frontière et foulé aux pieds en le profanant le sol sacré du pays qui nous fit naître, le prêtre doit s'effacer et se fondre dans le citoyen et comme tous, concourir par les moyens en son pouvoir à la défense nationale.

2mo Livraison.

Si les lois de la prêtrise lui interdisent le maniement des armes offensives et meurtrières, cela ne veut pas dire qu'en face de la patrie saccagée, dévastée, égorgée, il ne puisse que se renfermer dans une coupable et froide indifférence, en lui refusant sans raison le concours de celles que mettent dans ses mains le prestige et les qualités de son double caractère.

De nul et insignifiant qu'il est dans le premier cas, le devoir du prêtre devient immense dans le deuxième, surtout dans les campagnes. Son rôle devient alors superbe, magnifique, important et doit grandir en même temps que les difficultés, car il a sous la main des ressources qui, habilement dirigées, peuvent susciter à l'ennemi des obstacles formidables et le plus souvent même insurmontables et invincibles.

C'est à lui qu'appartient alors l'initiative en poussant du haut de sa chaire le cri de guerre sainte qui ne retentit jamais en vain.

C'est à lui qu'il appartient encore de déployer et de mettre en batterie toutes les ressources de son influence et de son éloquence pour faire éclore sous les laves brûlantes de sa patriotique et religieuse parole, le courage, l'ardeur et le dévouement.

C'est à lui qu'incombe le devoir de les surexciter, de les enflammer, en appelant à leur aide l'humanité, la religion, l'histoire et au besoin le fanatisme qui inspiré et soufflé du bon côté fait taire les hésitations, bannit les scrupules, chasse les craintes, dissipe la peur du danger et de la mort et fait atteindre à la bravoure la hauteur de l'héroïsme.

C'est lui qui doit encore en pareil cas, absoudre d'avance au nom de Dieu les enfants qui se lèvent et bondissent sur le mousquet pour défendre leur mère en leur faisant entrevoir la miséricorde céleste ouverte dans toute l'étendue de sa générosité sur l'éternité de ceux qui vont glorieusement succomber pour elle.

Ce faisant, le prêtre devient sublime; survivant aux malheurs de son époque, il demeure deux fois plus respectable et respecté; mourant et succombant sous sa tâché, il se relève instantanément héros et martyr, et la vénération du présent et l'admiration de l'avenir deviennent dès lors sa juste et légitime récompense.

Tels furent les prêtres espagnols, lors de l'invasion française sous le premier empire,

Tel était le prêtre français qui, le 12 février 1871, devait à Reims, entre le mur d'enceinte de la gare et celui du Cimetière, tomber vaillamment sous les balles prussiennes, victime de la lâcheté de quelques-uns et de la barbarie des autres.

CHAPITRE III

LES POMPIERS

A l'époque où se passaient les événements dont nous allons aborder le détail, il existait à Cuchery une compagnie de pompiers qui, par suite du décès de l'officier qui la commandait, n'avait à sa tête que son sergent-major, le sieur Bernard Sergé, ami intime lui-même d'un ex-sous-officier de l'armée, le sieur Jean-Baptiste Chatelain, qui, en vertu de son ancienne carrière et des préceptes de l'honneur militaire que le vieux soldat n'oublie jamais, ne professait à l'égard des Prussiens qu'une très-maigre sympathie.

Mais en échange, tous deux aimaient et estimaient profondément l'abbé Miroy, devenu pour eux, par suite de ses honorables principes à l'égard de la France, le confident de leurs angoisses, de leurs peines et de leurs patriotiques douleurs ; et par cela même que rien n'engendre mieux le respect et la sympathie que la fraternité des nobles sentiments, tous deux le respectaient et le vénéraient.

Sergé et Chatelain avaient raison ; rien n'était plus respectable en effet que cet humble prêtre de campagne, qui à l'heure où les désastres, les défections et les défaillances se succédaient avec une effrayante rapidité, trouvait dans son vertueux patriotisme assez d'énergie et de courage pour se lever comme Pierre Lhermite sur le périmètre ignoré de sa paroisse, et inspirer à ses paroissiens effarés par l'approche de l'ennemi, l'amour de la patrie, le dévouement absolu à ses devoirs, la grandeur de l'abnégation, la vertu du sacrifice et la nécessité de la résistance.

Sergé, Chatelain et leurs hommes étaient en ce moment fort désolés car ils venaient de déposer leurs armes ; c'était, pour ainsi dire, les mettre à la merci de l'ennemi, et ce n'est qu'avec peine et murmures qu'ils s'étaient exécutés.

Il est bon d'ajouter que par un sentiment de pudeur et de précaution assez légitime en pareil cas, elles avaient été enfouies dans un champ appartenant à la localité, ce qui les avait momentanément consolés, et tout allait pour le mieux, lorsqu'un cauchemar d'une nouvelle espèce vint assaillir de nouveau les deux amis.

Exposés à l'infiltration de la pluie et à l'action corrosive de la terre, leurs fusils n'allaient pas tarder à se couvrir d'une épaisse couche de rouille, ils allaient se détériorer, s'abîmer, et, à un moment donné, se trouver incapables du moindre service.

C'était deux fois plus qu'il n'en fallait pour enlever le sommeil à Sergé et à Chatelain, si l'abbé Miroy ne se fut empressé de venir le leur rendre en leur offrant généreusement pour ces armes, objets de tant de constantes préoccupations, dans son presbytère, dans son église, et dans le corps même de son autel, un asile aussi inaccessible aux injures du temps, qu'il était en même temps inabordable aux soupçons en cas de perquisitions et de recherches.

Mais entre la conception et l'exécution de ce projet s'élevait encore un obstacle, un inexorable *veto* se tenait debout sur la terre discrète qui leur servait de sépulture. Il fallait donc l'ensevelir à son tour en leur lieu et place, l'enfreindre, le fouler aux pieds et s'exposer à toutes les conséquences d'une pareille hardiesse.

Le débat fut long et animé à ce sujet, entre le prêtre et les deux sous-officiers, tout fut passé en revue, discuté, disséqué et analysé dans le patriotique cerveau de cette trinité de cœurs français qui, à l'heure où un maréchal de France commettait de sang-froid, le crime le plus inouï qu'un peuple puisse enregistrer dans ses annales, trouvait qu'il était déjà bien assez pénible d'avoir à endurer la hideuse présence de l'étranger, pour ne pas subir encore l'humiliation de le voir arriver sans le combattre.

Il y eut encore bien des hésitations à réfuter, des scrupules à bannir, des craintes à dissiper, mais le fantôme saignant de la France égorgée, brûlée, saccagée et dévastée surgit tout à coup au milieu d'eux dans toute la majestueuse horreur de ses profondes meurtrissures ; l'ange du dévouement s'élança frémissant du haut de l'espace et vint frôler en passant la robe noire du prêtre obscur, l'amour de la patrie illumina soudain son front déjà prédestiné à la couronne du martyre et dès lors tout fut oublié : hésitations, craintes, scrupules, dangers, tout disparut, s'écroula, s'anéantit et s'évanouit, sous sa magnétique parole.

Il ne restait qu'un pas à faire pour passer de la conception à l'exécution ; il fut franchi. La nuit était obscure, un chariot fut amené et se dirigea sur-le-champ vers le lieu de la sépulture, la terre fut fouillée, les armes en sortirent et furent amenées dans l'église du presbytère ; le prêtre ouvrit l'autel et le referma sur elle ; les trois amis se serrèrent la main au cri discret de : Vive la France ! et tout rentra dans le calme le plus profond.

Le lendemain, l'abbé Miroy recevait un avis renfermant une menace de dénonciation aux autorités allemandes comme s'étant fait le détenteur illégal d'armes de guerre.

CHAPITRE IV

UNE HEUREUSE NOUVELLE

L'exhumation des armes et leur transfert au presbytère étaient à peine un fait accompli que le bruit confus d'une victoire remportée à Saint-Quentin sur les Allemands par l'armée du Nord se répandait à Cuchery et y prenait même une certaine consistance.

Un charbon ardent tombant brusquement sur une traînée de poudre ne fait pas un effet plus prompt que celui que produisit cette nouvelle sur l'esprit de nos trois amis.

Faidherbe victorieux et refoulant devant lui les cohortes étrangères s'avançait sur Reims et venait les délivrer ; c'était là, ou jamais, le moment de faire sortir les fusils de leur cachette.

Sergé hésitait cependant encore, mais, comme le lion qui flaire le combat, Chatelain se frisait et se léchait la moustache, l'abbé Miroy était rayonnant de bonheur et d'enthousiasme, son âme intrépide et essentiellement française s'élançait déjà palpitante au devant du brave et digne général en chef de l'armée du Nord, et revoyait avec d'inexprimables transports de ravissement et de délire, ce glorieux drapeau, objet de sa vénération, couvert de fleurs et des lauriers de la victoire, son cœur se dilatait et s'épanouissait à l'idée et à l'espoir de nouveaux succès et de l'affranchissement du territoire.

Il revoyait par la pensée nos malheureux mais toujours braves soldats reconquérir en un instant et par un coup décisif, ce renom d'invincibilité, de valeur et d'héroïsme qui, même à l'heure des revers, fut toujours leur partage : il se précipitait dans leurs bras, les embrassait en pleurant, et tombait à genoux en remerciant Dieu d'avoir délivré et sauvé la France.

Mais là ne s'arrêtait point l'essor de sa valeureuse et patriotique pensée. Il fallait se lever en bondissant sur les armes et marcher à leur rencontre.

Il fallait gagner les forêts, se glisser à travers les haies et les buissons, se hisser audacieusemsnt sur la crête escarpée des précipices, se nicher dans l'excavation des rocs et tuer l'ennemi en détail.

Poursuivis par lui, il fallait mettre à profit les sinuosités et les détours des bois pour se soustraire à ses poursuites, puis revenir tomber de nouveau tantôt sur ses derrières, tantôt sur son flanc, tantôt sur sa tête de colonne.

Il fallait lui barrer les gorges et les défilés, surprendre ses convois et profiter enfin de toutes les touffes de broussailles pour loger le canon d'un mousquet vengeur, dont chaque coup répété par l'écho devenait un hymne solennel adressé à l'indépendance et à la liberté de la patrie opprimée.

Levons-nous, disait-il à Sergé et à Chatelain, rallions les hommes de bonne volonté et partons, vous deux prendrez le commandement. Si Sergé hésite, si vous vous sentez faiblir, je serai là pour ranimer votre courage et vous prêcher d'exemple en vous inspirant le mépris de la mort. Je marcherai alors à votre tête pour la braver devant vous, et si je dois être frappé, vous me verrez succomber sans proférer une plainte et sans exhaler un soupir, car je suis Français, la France notre mère saigne de toutes ses veines, nous devons la secourir, la venger et mourir pour elle s'il le faut, car mourir ainsi, c'est commencer à revivre éternellement

Ainsi qu'on peut en juger par ces textuelles paroles, le digne curé de Cuchery était arrivé à ce degré d'enthousiasme et d'exaltation sublime qui produit les grands hommes, le prêtre se transfigurait déjà en une triple et honorable individualité, le citoyen et le soldat s'étaient levés avec lui dans son humble soutane entre la silhouette de Jugurtha et l'ombre vivante d'Abd-el-Kader, tandis que sur le plan obscur et le plus reculé du tableau, se tenait grave et silencieux le martyr qui devait justifier de leur sincérité.

À ces mots, Chatelain s'élança dans le village, les volontaires accoururent, et sauf quelques fusils, les armes sortirent du presbytère pour n'y plus rentrer et attendre l'heure et le signal de se faire entendre.

Un nouvel avis de les rendre parvint de nouveau à l'abbé sous peine d'une dénonciation aux Allemands plus grave encore que la première.

CHAPITRE V

LE VOL DES CLEFS

Aussi humain et généreux qu'il était Français et patriote, l'abbé Miroy prodiguait depuis quelque temps ses soins et ses consolations à un assez grand nombre de malades atteints de la petite vérole, qui sévissait en ce moment à Cuchery, lorsque quelques légers symptômes de cette épidémie se manifestant en lui, il jugea prudent de garder le repos et la chambre pendant quelques jours.

Ce fut pendant ce laps de temps, qu'obsédé par les menaces qui lui étaient faites, il prit la résolution de faire enlever par un de ses administrés les quelques fusils qui restaient encore au presbytère.

Ce serviteur appelé prend le trousseau de clefs et descend à l'église afin d'exécuter l'ordre qu'il vient de recevoir.

A peine en a-t-il franchi le seuil que deux hommes s'élancent sur lui à l'improviste, le saisissent, l'étreignent au cou, l'emmènent comme un malfaiteur et une main sacrilége et coupable s'empare des clefs et les garde.

Ici commence cette période du drame qui va soulever un

conflit et qui nous place dans la nécessité de faire un arrêt sur cet acte d'inqualifiable hardiesse.

Quels que puissent être les motifs qui ont pu dicter une semblable résolution, fussent-ils même légitimes, ils ne sauraient et ne pourraient en aucun cas justifier les moyens mis en œuvre par l'exécution.

Le prêtre et l'église quoique étroitement liés de fait, n'en sont pas moins deux choses parfaitement distinctes; l'un ne représente qu'un homme, mais l'autre est un édifice public consacré à la prière et à la réunion des fidèles pour le libre exercice de leur culte, qui, par la nature de son caractère, doit rester constamment indépendant et ouvert, et demeurer l'objet du respect de tout le monde y compris même ceux qui n'y vont pas.

Il n'appartient à aucun, et en aucun cas, d'en interdire l'accès à ses semblables, pas plus qu'il n'appartient au premier venu de s'emparer des clefs d'une sous-préfecture ou d'une mairie.

Que le lieu consacré à la prière se nomme église, temple, synagogue ou mosquée, qu'importe! Toutes les croyances, fussent-elles même absurdes, ont droit au même respect quand elles sont sincères, car elles émanent d'un principe unique et commun qui demeure constamment pur en dépit des erreurs de ce monde et devant lequel l'humanité ne peut que s'incliner.

Le prêtre lui-même, qui par ses attributions est le dépositaire légitime et direct des clefs de son église, n'a pas le droit d'en interdire l'accès à la prière, et lors même qu'il serait coupable et criminel, la responsabilité de ses actes ne doit jamais porter sur un emblème, car la violence faite au prêtre n'atteint que l'homme, tandis que celle qui s'exerce envers l'église touche indirectement à Dieu.

Nous ne saurions dès lors assez blâmer cet acte d'inqualifiable brutalité qui, non contente d'une aggression injuste envers un être inoffensif, pousse encore le cynisme de l'impudeur jusqu'à l'irrévérence envers la divinité en la rendant forcément spectatrice d'un tour de force de bravos et de coupe-jarrets impardonnable dans un semblable lieu.

Notre démocratie elle-même se soulève contre cet acte de toutes les forces de son indignation, car il exhale un parfum d'attentat à la liberté qu'elle ne peut ni traduire, ni admettre sans se rejeter sur une frénésie dont l'origine est encore un mystère.

Quels étaient donc ces deux hommes et quels motifs pouvaient les pousser à agir de la sorte ?

Celui qui a été l'objectif de l'aggression peut seul résoudre e premier problème.

L'autre laisse le champ libre à toutes les suppositions et peut se traduire par l'antipathie, la malice, la haine qui pour être souvent inapparente n'en est pas moins le plus souvent réelle, même lorsqu'elle n'a pour base qu'un motif absurde, dérisoire, impossible, telle que celle de ce maître d'école de Tolède en Espagne qui s'était fait surnommer par ses compatriotes *Chico di lo monte*, le petit homme du mont, à cause de la singulière manie qu'avait contractée ce personnage, de monter chaque jour sur une hauteur circonvoisine afin de surveiller de loin les assiduités près de sa femme d'un alcade de la localité, et qui profita de l'invasion française pour faire pendre son confesseur parce que ce dernier avait sur sa fenêtre un singe qui riait de lui en le voyant passer.

Quoiqu'il en soit, l'abbé Miroy fut profondément et péniblement affecté de la soustraction des clefs de son église et les fit plusieurs fois réclamer, car la Saint-Vincent, fête des vignerons et du pays, arrivait (l'un de ses collègues, Monsieur le curé de Villers devait venir officier à sa place), et toutes les démarches qu'il avait pu faire pour arriver à leur restitution étant demeurées sans résultat, il prit alors la résolution d'entrer dans le plan de conduite de ses adversaires, en adoptant un expédient qui chez lui du moins était légitime et qui va nous faire faire connaissance avec un autre acteur du drame.

CHAPITRE VI

DERVIN

On est réellement heureux lorsque après avoir voué à la mémoire d'un homme une vénération si dignement méritée, on peut s'écarter un instant du cercle de ses ennemis pour venir se reposer auprès de ceux qui l'ont aimé, et qui lui sont restés fidèles et dévoués en s'exposant même à partager sa noble infortune.

Transportée hors de cet atmosphère de délations et d'iniquités qui soulèvent contre elles les honnêtes consciences fort heureusement les plus nombreuses, l'âme commence à respirer plus à l'aise, la pensée devient plus riante, plus consolante, plus douce, car elle se retrouve alors dans son élément, c'est-à-dire le beau, le juste, le vrai, hors desquels elle ne s'élance qu'à regret, par la raison naturelle et toute simple que tout rayon conserve la tendance du retour au foyer comme le voyageur perdu dans les sables brûlants du Sahara aspire à la découverte du bienheureux oasis.

Si la force des événements l'oblige parfois à s'abattre et se fixer sur quelque laideur, si bien déguisée et couverte que puisse être cette dernière, la pureté d'instinct de son origine céleste la ramène instantanément vers la réalité et dès lors elle ne s'y arrête qu'en se retournant.

En vain, tenterait-on pour réhabiliter Judas de l'attacher à la croix, on ne ferait que soulever une profanation.

Dervin est habitant de Cuchery, il y réside depuis longues années, il est maréchal-ferrant.

Il est vif, pétulant, irréfléchi, et parle avec une volubilité et une franchise parfois embarrassante; pour un rien, il s'enflamme et fait explosion comme la poudre et redevient docile et doux comme un agneau, quand on le ramène par une bonne pensée hors du souvenir des scènes désolantes dont il a été le témoin et auxquelles il a failli se trouver dangereusement mêlé.

Il aime profondément l'abbé Miroy et pleure comme un enfant au souvenir de ses souffrances et de son infortune imméritée, mais si sa pensée vient à se rejeter soudain sur ceux qu'il suppose n'être pas étrangers aux causes de sa mort, l'agneau devient un lion, ses yeux lancent des éclairs où viennent passer tour à tour la colère, l'indignation, la fureur, la rage, la soif de la justice et de la vengeance, et malheur à qui viendrait s'y frotter en ces moments de surexcitation.

Il est Français dans toute la plus large acception du mot, et a été désigné aux Allèmands comme complice de l'abbé Miroy, complicité fort honorable qui justifie parfaitement notre assertion première en équivalant à une croix d'honneur.

Il est religieux comme le sont généralement tous les campagnards et ne peut pas plus se passer de sa messe le dimanche que de son verre de vin.

Demandez à Dervin pourquoi il aimait tant son digne curé, il ne saura peut-être pas bien vous développer sa pensée; interrogez alors le fer sur son attraction vers l'aimant et vous aurez son secret.

Cette affection s'est changée en adoration depuis la fin tragique et glorieuse du martyr, et il serait heureux de rencontrer quelqu'un assez hardi pour se dire l'ennemi de ce dernier, afin de pouvoir se soulager de cette colère qu'il a tant de peine a réprimer et à contenir.

Hélas! Dervin ne pourra jamais ni se disputer, ni se battre, car il trouve tout le monde de son avis.

C'est donc à cette nature encore incorrecte, il est vrai, mais essentiellement pure et belle au point de vue du patriótisme, que l'abbé Miroy vint faire la confidence des peines et des chagrins que lui faisait éprouver en perspective de la Saint-Vincent, fête des vignerons et du pays, la soustraction des clefs de son église et l'impossibilité de les ravoir.

Il n'en fallait pas davantage pour enlever Dervin qui pour

tout au monde n'aurait pas voulu qu'il soit dit que la Saint-Vincent se serait passée sans la messe et le sermon d'usage, aussi sa détermination ne se fit-elle pas longtemps attendre.

Soyez tranquille et cessez de vous désoler, répondit-il à l'abbé, ce n'est qu'après-demain la fête ; redemandez vos clefs, et si demain à une heure elles ne vous sont point rendues, venez me chercher et nous nous en passerons.

Ce qui fut dit fut fait, les clefs furent de nouveau refusées, mais le lendemain à une heure Dervin, en tenue de travail, un trousseau de clefs d'une main et un marteau dans l'autre, se dirigeait vers l'église au grand contentement des paroissiens pour qui, grâce à lui, la Saint-Vincent va se passer comme d'habitude.

CHAPITRE VII

LA SAINT-VINCENT

Le jour de la Saint-Vincent se lève le lendemain plus triste que les années précédentes et empreint d'une sinistre lueur, car les Prussiens occupent le territoire et sont déjà venus frapper quelques réquisitions.

Les fusils qui restaient au presbytère n'y sont plus, ils

ont été enlevés à la suite de la soustraction des clefs par des mains autres que celles du prêtre et ont été transportés ailleurs.

Quoique indisposé depuis quelques jours, l'abbé Miroy cédant aux sollicitations de ses paroissiens se décide à officier. L'heure sonne, le service divin commence, et ainsi que cela se pratique d'habitude, ce dernier en un moment donné quitte l'autel et monte en chaire.

Après une petite allocution morale, il dévoile à ses paroissiens les méchancetés auxquelles il se trouve en butte et s'énonce en ces termes :

« Vous savez, mes frères, que je suis menacé d'être dénoncé aux Prussiens ; vous saurez en outre qu'une espèce de mouchard et avec lui un petit furet sont venus tout fouiller dans mon église et qu'ils m'en ont volé les clefs, de concert avec un autre qui porte une écharpe à sa ceinture et qui n'en est pas digne, attendu qu'il la laisse traîner dans la boue, jusqu'à ce qu'un autre la ramasse et la porte avec honneur et dignité.

» Vous ne sauriez croire, ajoute-t-il, combien je suis peiné et affecté de voir tant d'horreurs déchaînées contre moi. Mais, n'importe, je resterai quand même fidèle à la patrie et suis prêt à faire pour elle le sacrifice de mon existence. »

Dès ce moment, le gant est jeté, le sort du prêtre est fixé, l'infortuné Charles Miroy est perdu, car l'office terminé, il lui est notifié par deux hommes, que s'il ne se rend pas immédiatement devant le conseil municipal pour y faire des excuses, on va partir sur-le-champ pour le faire enlever par les Prussiens.

Ceci posé, raisonnons logiquement et par induction. Si le prêtre peut avoir eu quelques torts en proférant du haut de sa chaire des paroles offensantes envers ses adversaires, et déplacées dans un pareil moment, ils sont pleinement effacés d'autre part et disparaissent derrière les menaces dont à plusieurs reprises il a été l'objet.

S'il s'est écarté un instant de son rôle de prêtre en donnant libre essor à son indignation de Français, il n'en demeure pas moins pleinement absous dans l'opinion publique, car les fusils une fois partis du presbytère, dont on avait les clefs, dans lequel on pouvait désormais faire ce qu'on voulait, qu'exigeait-on de lui ?

Des excuses !.. Il ne pouvait pas et ne devait pas en faire, il eût été alors ridicule et se serait exposé à être taxé d'une poltronnerie qui était loin d'être dans son caractère.

S'excuser n'est autre chose que se reconnaître des torts, et quels étaient les siens ? Nous en appelons à ce titre à tous les cœurs français.

C'eût été en outre donner le démenti le plus formel à un patriotisme et à un dévouement qui, soutenus jusqu'à la mort par le supplice ainsi qu'il l'a fait, lui ont ouvert le temple de mémoire dans lequel il revit aujourd'hui sous une double immortalité.

Est-ce la restitution des armes qui avaient été distribuées par ses soins que l'on poursuivait en lui ? Hélas ! il était si facile de se les faire rendre que l'ombre de ce motif ne pourrait être évoquée.

Quoiqu'il en soit, les événements qui vont suivre et amener l'explosion de l'orage qui déjà gronde au loin entraîneront sans aucun doute la solution du problème, et dans cette prévision nous allons poursuivre notre récit en plaçant le lecteur en face de l'éloquence des faits.

CHAPITRE VIII

L'ATTAQUE — LA DÉNONCIATION — L'ARRESTATION

Sur ces entrefaites, un détachement prussien revint à Cuchery pour frapper une réquisition nouvelle et après avoir procédé à cette opération, se replia sur Belval où bivaquait son bataillon.

Dans la nuit qui suivit ce mouvement, quatre ou cinq coups de feu isolés, qui ne tuèrent ni ne blessèrent personne, se firent entendre ; le bataillon courut aux armes, se mit sur la défensive et fit pousser dans la forêt des reconnaissances qui n'amenèrent aucun résultat.

Les Prussiens descendirent alors à Belval et menacèrent d'incendier le village si les coupables ou l'instigateur de ces coups de feu n'étaient pas immédiatement remis entre leurs mains. Les habitants, épouvantés, répondirent qu'il n'y avait pas d'armes dans la localité, mais qu'il en existait à Cuchery. En même temps quelques-uns d'entre eux se détachèrent vers cette commune et vinrent réveiller l'abbé

Miroy pour le prier de venir intercéder en leur faveur auprès du commandant et tâcher de l'apaiser.

Plein de bonté, l'abbé se lève, s'habille à la hâte et part avec eux pour Belval.

Pendant ce laps de temps, un détachement prussien revient à Cuchery, réveille M. Sibeaux, maire de la commune, les conseillers municipaux et les emmène à Belval, où, dès leur arrivée, l'abbé Miroy était déclaré prisonnier de guerre et mis en état d'arrestation.

Dans cet intervalle, la terreur se répand ; quelques fusils sont jetés dans le jardin du presbytère, et le garde champêtre Chevry court à Belval déclarer au commandant prussien qu'en outre des armes que le curé avait distribuées, il y en avait encore plein son jardin (textuel). Un groupe de sept ou huit cavaliers se détache aussitôt, emmenant avec lui quelques-uns des personnages sus désignés, trouve les fusils dénoncés, s'en empare, et le cortége se remet en marche pour Belval.

Avant le départ, le cri suivant est proféré sur la place et publiquement entendu : — Ah ! ce brigand de curé ! nous allons le faire empoigner, lui et toute sa clique !

L'un de ces personnages, l'adjoint Dumont, portant un fusil sur l'épaule et disant à haute voix que le Curé le lui a donné *pendant la nuit*, en engage un autre, le sieur Planson, à venir avec eux à Belval, où il s'empresse, en arrivant, de dénoncer l'abbé Miroy, en déclarant au commandant qu'il avait l'instigateur et le coupable entre ses mains.

Un autre l'a déjà dénoncé comme ayant entretenu des correspondances avec des francs-tireurs sur toute la ligne de la Marne, et l'infortuné prêtre, lié et garotté, est placé au milieu du bataillon qui se remet en marche vers Cuchery.

Arrivé là, on l'accable de mauvais traitements, on le traîne de porte en porte, en le forçant à désigner ceux à qui il a distribué des fusils, ce qui motive de nouvelles arrestations, entre autres celles des sieurs Fleurentin, Lamotte-Moreau, Dervin, J.-B. Chatelain, etc. On les amène sur la place, et là, M. le maire de Cuchery déclare au commandant qu'en outre des armes distribuées et de celles trouvées dans son jardin, l'abbé avait dans sa chambre une carabine encore chargée.

Interrogé sur ce fait, ce dernier répond qu'il a, en effet, une carabine chez lui, mais que c'est une arme d'ancienne date, dont on ne saurait se servir vu qu'elle n'a pas de chien.

Se tournant alors vers le maire, l'officier prussien lui donne rendez-vous à Reims pour le surlendemain à onze heures du matin, ainsi qu'au sieur Planson, à l'effet de comparaître, en qualité de témoins à charge, devant le conseil de guerre appelé à juger l'infortuné curé. Sur la parole donnée par le maire qu'il ne répondait pas des autres, le serviteur d'Attila déclare, en son tudesque français, les personnes arrêtées prisonnières de guerre.

Une personne de la localité vient alors prier instamment M. Sibeaux d'intercéder pour Fleurentin, en sa qualité de père de famille ayant bien besoin chez lui. L'homme intercède : Fleurentin est relâché.

Mais Dervin a tout entendu et, s'approchant du commandant prussien, déclare qu'il est père de famille aussi, qu'il a autant besoin que Fleurentin, et demande à être relâché au même titre.

Le maire lui coupe aussitôt la parole et le dénonce comme complice de l'abbé Miroy.

A ces mots, Dervin n'y tient plus et éclate en invectives. Une altercation s'engage, à la suite de laquelle, posant la main sur la crinière du cheval prussien, le magistrat réitère que Dervin est le complice du curé et que c'est lui qui est allé crocheter les serrures de l'église...

Soit pitié, soit lassitude et obsession ou encore l'espoir secret de quelques pendules, le commandant relâche alors tout le monde, sauf le trop malheureux prêtre qui, lié et sous l'escorte d'une trentaine de uhlans, se met en marche, traverse, ruisselant de pluie et de sueur, les villages qui se trouvent sur sa route, refusant partout les secours généreux qui lui sont offerts, et arrive enfin à Reims, où il est incarcéré et mis au pain et à l'eau en attendant la dernière période de sa noble et glorieuse existence.

CHAPITRE IX

RÉFLEXIONS SUR LE CHAPITRE PRÉCÉDENT

Une fois sorti de ce labyrinthe d'horreurs dont nous venons de reproduire les différentes phases, l'esprit se trouve en présence de trois particularités remarquables et de plusieurs hypothèses, savoir :

1° Les coups de feu ;

2° Les cris proférés en place publique ;

3° La dénonciation et ses bases.

Nous allons dès lors les examiner à tour de rôle en les soumettant à l'alambic du raisonnement.

Il existe entre cette prétendue attaque de Belval et l'enchaînement des circonstances précédentes une coïncidence bizarre, frappante même, et qui serait plus que suffisante pour faire planer et répandre sur les sentiments qui l'ont engendrée une forte odeur de suspicion.

Les hypothèses qui en découlent sont les suivantes :

La présence inattendue de quelques francs-tireurs ;

Une imprudente fanfaronnade ;

Une intention malveillante ayant pour but d'utiliser les événements en les faisant tourner à la perte de l'abbé Miroy.

La première de ces hypothèses offre cette particularité remarquable, qu'il n'existe entre les coups de feu tirés dans la nuit et les allures ordinaires du franc-tireur que fort peu d'analogie.

Rarement ce dernier est prodigue de sa poudre au point d'en confier l'effet à l'incertitude des ombres de la nuit et au vent du hasard, si ce n'est dans une embuscade, où tirant presque à bout portant, il est à peu près sûr de son coup, et là n'en est point le cas.

Dans toute autre circonstance, le franc-tireur ne profite de la nuit que pour prendre son poste d'affût.

Comme la panthère ou le jaguar, il guette longtemps sa proie avant de se résoudre à l'attaque, profite de tous les accidents de terrain pour déguiser sa présence, et l'oreille en arrêt, le regard fixe et tendu, il épie le moment favorable, laisse passer en silence les troupes en corps, et ne lâche sa détente qu'à bon escient sur les avant ou arrière-gardes, les détachements isolés et les convoyeurs.

La question reste alors pendante entre une imprudente fanfaronnade qui n'aurait amené d'autres résultats que la perte certaine des deux villages et le sacrifice de quelques innocents, et l'intention coupable dont il a été parlé plus haut, qui, ayant d'avance une victime à jeter à la férocité de l'envahisseur, pouvait se satisfaire sans encourir les risques du cas précédent.

Viennent ensuite ces cris de mauvais augure proférés en place publique contre un prêtre fort honorable au point de vue du patriotisme et cette clique à laquelle en compagnie de trente et quelque millions de Français représentant la masse des honnêtes gens, nous sommes heureux d'appartenir.

Il fallait être réellement bien mal inspiré pour oser proférer des cris semblables, qui devaient rappeler, à ceux qui pouvaient les entendre, les tristes épisodes de la Terreur et les sanguinaires orgies de la Commune, en assimilant en même temps les bouches qui leur livraient passage aux décrocheurs de lanternes sous le souffle du *Ça ira* et aux meurtriers des ôtages.

Puis vient le tour de l'intention malveillante qui a pu prendre naissance dans ce conflit survenu entre le patriotisme raisonnant et raisonné et cette conduite blâmable que nous allons bientôt retrouver donnant des bals aux Prussiens sur les ruines fumantes de la France, circonstance qui du reste est assez éloquente par elle-même pour nous dispenser d'aller plus loin à son sujet.

Et en dernier lieu, enfin, la dénonciation *coram populo* qui, pure et simple, pouvait trouver une excuse dans la terreur germanique, mais qui, poussée par la récidive jusqu'à l'acharnement et au raffinement de la cruauté, change complétement de nature et de caractère, et devient coupable.

Nous sommes en outre très-satisfait de pouvoir affirmer que l'abbé Miroy s'est trouvé complétement étranger à l'alerte de Belval.

Marchant au-devant de Faidherbe avec ses paysans devenus des guérillas, il était magnifique et superbe.

Voulant s'opposer aux progrès de l'armée allemande victorieuse avec un détachement de pompiers inexercés et mal armés, il devenait ridicule et blâmable, en ce sens qu'il ne pouvait, dès lors, qu'être cause, pour sa commune et celles environnantes, des plus épouvantables malheurs.

Il était trop intelligent, du reste, pour ne pas comprendre la situation, et se trouvait, à l'heure où les coups de feu ont été tirés, chez le sieur J.-B. Chatelain, avec lequel il causait tranquillement ; la femme Chatelain était présente et en tiers dans la conversation.

Nous pouvons aussi constater en passant qu'à l'heure de son arrestation, il était entièrement occupé à répandre en faveur des jeunes gens de sa paroisse, faisant partie de l'armée française, une liste de souscription dont il avait l'initiative et en tête de laquelle il s'était inscrit pour une somme de trois francs.

Nous croyons l'avoir clairement démontré : Il était brave, dévoué, patriote et innocent...

Que ceux qui l'ont indignement livré à ses bourreaux réfléchissent, l'humanité les regarde et Dieu les attend.

CHAPITRE X

LE CONSEIL DE GUERRE

Exact au rendez-vous qui lui a été assigné par le commandant, et escorté de son digne émule, le sieur Planson, dont il a répondu comme de lui-même, M. Sibeaux, maire de Cuchery, se trouve à l'Hôtel-de-Ville de Reims à l'heure fixée pour la séance du conseil de guerre.

Il est, en outre, porteur d'un acte d'accusation contre l'abbé Miroy, qu'il a signé, ainsi que son conseil municipal, et qu'il se dispose à remettre entre les mains du tribunal militaire. Ce n'est que sur les instances et les supplications réitérées d'une honorabilité de la ville de Reims, M. R..., conseiller municipal, qu'il renonce à ce projet.

— Vous venez accuser votre curé, lui dit ce digne citoyen, vous feriez bien mieux de venir le défendre !...

Cette réponse est trop pure, trop belle, trop élevée pour que nous ne saisissions pas avec empressement l'occasion de la signaler à l'admiration et à l'estime de la population rémoise qui, depuis longtemps, sont acquises à M. R..., que nous félicitons et remercions en même temps au nom de la France, de l'humanité, de la religion et de la civilisation.

Le bruit se répand aussitôt qu'un maire français et son adjoint viennent déposer contre leur curé devant le conseil de guerre prussien. Un long et sourd murmure de réprobation et d'horreur, un frémissement galvanique d'indignation circulent aussitôt dans tous les sens, envahissent en un instant toute l'ampleur et l'étendue de la magnifique cité rémoise.

L'heure fatale sonne et le conseil entre en séance... Il est ainsi composé :

Le capitaine comte de Bock, *Président* ;

Les capitaines Falkenster et Zimmermann, *juges* ;

Le capitaine Sohms, *juge d'instruction* ;

Quatre sous-officiers ;

Un greffier ;

M. Koch, professeur de langue allemande à Reims, *interprète.*

L'accusé est introduit.

Après les formules d'usage, le capitaine Zimmermann procède à la lecture de son rapport conçu en ces termes :

« Je suis descendu à la ferme de la Chermoise, chez M. Astier-Dervin, cousin de M. Gandon, maire de Belval, dont il remplit actuellement les fonctions, ce magistrat étant depuis longtemps malade. Ce dernier m'a déclaré que M. le curé Miroy est un homme violent, emporté et dangereux, qu'il est craint et redouté de tout le pays, que, de plus, il est l'âme et le chef de tous les francs-tireurs, depuis Epernay jusqu'ici ; que, depuis l'occupation, il n'a jamais, pour ainsi dire, dormi chez lui, qu'il a passé toutes ses nuits dehors, couchant dans des greniers à foin ou autres lieux semblables. »

Le capitaine termine ensuite en disant :

« Ce fermier m'a paru être un homme raisonnable et posé ; par conséquent, *j'ajoute foi à sa déclaration et j'en fais la mienne.* » (Textuel.)

Ce rapport est lu et passe sans être traduit à l'accusé, circonstance que nous ferons remarquer en passant comme étant peu conforme aux devoirs de la justice.

Après la lecture du rapport, le capitaine Sohms, juge d'instruction, remet au conseil deux lettres écrites et adressées à M. le maire de Cuchery par l'abbé Miroy dans lesquelles ce dernier lui fait de graves reproches sur sa conduite et le menace à son tour d'une dénonciation à la justice française comme coupable d'un délit de droit commun qui d'après nos lois n'est passible de rien moins que d'une Cour d'Assises... Ces lettres sont traduites.

Interrogé à son tour sur le principal chef d'accusation, c'est-à-dire la soustraction et la distribution des armes, l'abbé Miroy avoue avoir en effet distribué une trentaine de fusils, mais il déclare aussi n'avoir donné ni cartouches, ni capsules, et ne les avoir confiés à ces bonnes gens que pour aller à la chasse et cela dans le but de se procurer du gibier pour suppléer à la pénurie de vivres dont plusieurs d'entre eux gémissaient.

Il est ensuite procédé à l'audition des témoins. M. Sibeaux, maire de Cuchery, appelé, dépose qu'ayant reçu du gouvernement français cent fusils pour sa commune, il avait cru prudent, au moment de l'invasion de faire disparaître ces armes et que dans ce but, trente avaient été jetés dans un puits, et les soixante-dix autres, enterrés dans un champ appartenant à la localité.

Que s'étant aperçu au bout de quelques jours de la soustraction de ces armes, — qu'il voulait rendre aux Allemands afin d'éviter des calamités à sa commune, — il avait fait sans résultat toutes les recherches possibles pour pouvoir les découvrir ; lorsqu'une nuit, en passant devant le presbytère, il avait aperçu de la lumière dans l'église, il était entré avec le garde champêtre et avait trouvé couché sous un banc et endormi un homme qu'ils avaient réveillé et qui leur avait tout avoué ; c'est-à-dire que les armes avaient été déterrées et soustraites par l'abbé Miroy et distribuées aux gens de la commune pour s'en servir sans aucun doute contre les Allemands, ce qui aurait été cause de grands malheurs pour le pays.

M. le Maire parle très-longtemps pour développer ce peu de mots à tel point que l'un des membres du conseil prie alors M. Koch de vouloir bien traduire cette déposition en la résumant autant que possible. M. Sibeaux laisse, en outre, en s'exprimant, percer et apparaître un sentiment de haine, qui est remarqué sans être pris en considération.

Le sieur Planson, appelé, dépose à son tour, et ajoute à sa déposition qu'au jour de la Saint-Vincent, M. le curé Miroy était monté en chaire et avait dit publiquement : *Si les Prussiens savaient tout ce que j'ai fait, ils me feraient fusiller.*

Interrogé sur ce fait, l'abbé Miroy nie avoir prononcé ces paroles.

Planson répond alors : — *Curé, vous mentez, et ce n'est pas la première fois que vous mentez* (textuel).

Sur cette réponse, l'infortuné prêtre est profondément

affligé et attristé, la douleur, l'abattement, le décourage-
ment, le désespoir, viennent se réfléter tour à tour sur son
mâle visage ; le calice d'amertune lui apparaît dès lors et se
montre inévitable ; Miroy comprend que devant tant de
cynisme et d'audace il est perdu. C'est alors que la Divinité
vient à son secours en faisant descendre sur son front con-
damné d'avance le vertueux courage de la résignation ; aussi
est-ce sous l'inspiration d'un bien noble et juste mépris
qu'il répond à Planson : — Vous pouvez dès à présent dire
contre moi tout ce que vous voudrez, sans crainte d'être con-
tredit, car je ne vous répondrai plus.

A partir de ce moment, sa résolution est prise, il mourra
vaillamment, et il cesse de se défendre.

Le conseil entre ensuite en délibération, et rapporte un
verdict reconnaissant l'abbé Charles Miroy coupable d'avoir,
en pleine occupation, dérobé des armes de guerre qui
devaient être rendues, de les avoir en outre et dans un but
hostile distribuées à ses paroissiens, et le déclarant coupable
du crime de trahison envers les troupes allemandes, le con-
damne à la peine de mort par l'exécution militaire, confor-
mément aux lois allemandes, en vigueur dans les pays
occupés.

CHAPITRE XI

COROLLAIRE DU CHAPITRE PRÉCÉDENT

Ce qu'il y a de remarquable dans le jugement dont nous venons d'entretenir le lecteur, c'est à coup sûr cette naïveté toute germanique avec laquelle le capitaine Zimmermann fait l'apologie du dénonciateur Astier-Dervin et le sans-façon décolleté avec lequel il s'assied à son aise dans sa dénonciation.

Autant vaudrait, pour cet officier, avoir dit : « Je suis descendu à la ferme de la Chermoise et j'y ai trouvé un homme qui m'a paru avoir été pétri pour nous ; ce qu'il m'a dit fait parfaitement notre affaire, et eût-il cent mille fois menti, nous devons, en prévision de ce que nous voulons faire, le poser en homme très-sérieux, attendu que son témoignage nous dispense des frais d'invention et d'imagination, ce qui est fort commode. »

M. le capitaine Zimmermann a le droit de tenir ce Judas Iscariote de l'affaire Miroy pour un homme très-respectable, tranquille, vertueux même si bon lui semble, mais à nous qui envisageons les choses sous leur véritable point de vue, il produit un effet tellement opposé et si bas que nous ne le jugeons pas même digne de recevoir en passant l'aumône d'un peu de mépris.

Vient ensuite le manque absolu de témoins à décharge qui, en enlevant à l'accusé la possibilité de la défense, implique le défaut de justice et donne à ce jugement le caractère d'un assassinat couvert d'un masque légal.

Puis apparaît le témoignage de M. le Maire de Cuchery, lequel déclare avoir aperçu la nuit en passant de la lumière dans l'église, être entré avec le garde champêtre, qui tombe là tout exprès, comme des nues, et avoir trouvé couché sous un banc et endormi un homme qu'ils ont réveillé et qui leur a tout avoué, tandis qu'il a été trouvé autre part que devant un conseil de guerre prussien, que cet homme qui se nomme Lamotte-Moreau a été saisi au collet par le maître d'école Dumont et le garde champêtre Chevry, et peut-être bien un troisième qui, neutre, n'a pas besoin d'être cité ; que Lamotte-Moreau n'a pas eu grand'peine à être tiré de son sommeil par la raison toute simple qu'il n'y a pas d'homme plus facile à éveiller que celui qui ne dort pas ; qu'il a été emmené comme un malfaiteur par ces deux hommes chez M. le Maire lui-même, qu'on les a vus passer, et que ceux qui les ont vus ne dormaient pas ; que Lamotte-Moreau figure en outre sur la place entre Dervin, Chatelain et autres personnes arrêtées et signalées à la colère prussienne, ce qui prouve qu'il n'a pas été si complaisant qu'on veut bien le dire ; nous sommes dès lors forcé de conclure qu'il y a manque d'exactitude de l'un ou l'autre côté.

Puis, en dernier lieu, la déposition du sieur Planson, qui

a entendu proférer du haut de la Chaire et sortir de la
bouche du curé Miroy des paroles que tant d'autres personnes qui se trouvaient présentes n'ont pas entendues, et
qui, couronnant son œuvre par un démenti au martyr,
— démenti qui va se changer en arrêt de mort, — va bientôt jouer du cornet à pistons pour faire danser les Prussiens
sur les cendres brûlantes de la France, au mépris flagrant et
outrageant de son deuil et de ses larmes.

Quel beau petit caractère d'homme que ce Monsieur
Planson, et quel charmant rôle que le sien.

Mais détournons nos regards de ce hideux tableau, car
le dénouement approche. Nous avons devant nous une
grande ville qui, déjà, prend une attitude essentiellement
honorable et qui se dispose à prodiguer au noble martyr,
en échange de ses souffrances, autant de vénération, de
respect, de couronnes et de fleurs qu'elle renferme d'habitants.

CHAPITRE XII

L'EXÉCUTION

L'aurore du 12 Février 1871 se montre à l'horizon et
répand sur la ville de Reims la pâle clarté de ses premières
lueurs...

Un peloton de la landwehr est rangé, l'arme au pied, sur le boulevard Jules-César, appuyé sur le mur d'enceinte de la gare aux marchandises et faisant front à celui du Cimetière.

Tout-à-coup une voiture apparaît à l'extrémité de la rue de Mars, se dirigeant vers le lieu destiné à devenir le théâtre du sanglant holocauste.

Dans cette voiture, deux hommes..., deux prêtres...

A quelques pas des soldats la voiture s'arrête ; les deux hommes descendent : l'un est M. l'Aumônier des prisons, l'autre, l'infortuné Charles Miroy, pour qui va s'ouvrir l'éternité.

Il est pâle, mais calme ; sa conscience ne lui reproche rien. Français, il va donner son sang pour sa patrie ; soldat du Christ, il va mourir en soldat...

Les deux prêtres échangent, à voix basse, quelques paroles, leurs mains s'étreignent... puis l'un d'eux s'éloigne les yeux pleins de larmes tandis que l'autre s'avance d'un pas ferme et assuré vers le peloton d'exécution et se place en face de ses bourreaux.

L'officier commandant le détachement s'approche alors et inclinant la pointe de son épée en forme de salut, élève la voix et fait entendre les paroles suivantes :

— Daignez me pardonner, M. le Curé, l'acte que je vais commettre..., mais, vous le savez, je suis obligé d'obéir....

Le prêtre lui tend la main et répond :

— Je vous pardonne, mon frère, faites votre devoir.

Un bandeau est, dès lors, placé sur ses yeux ; il s'age-nouille et élève son âme vers la divinité.

L'officier donne le signal... une multiple détonation se fait entendre. Les balles traversent la vaillante poitrine du curé de Cuchery, qui s'affaisse sanglant et inanimé...

Tout est dit : Charles Miroy est mort ; la haine des Prussiens est assouvie. Mais ce sang répandu demande vengeance, la voix du martyr réveille les échos de l'antique Cité, une immense clameur s'élève et réclame justice. La justice tardera peut-être, mais enfin son heure viendra et la réparation sera complète.

Le cadavre de la noble victime du dévouement est alors placé dans le cercueil. Huit soldats prussiens l'enlèvent, le transportent dans la partie du cimetière réservée pour les fosses communes, le descendent dans la terre et achèvent de le recouvrir, refusant même l'assistance du fossoyeur, qui devient l'unique témoin de cette scène lugubre.

Le capitaine Zimmerman, qui, dans le procès, était tout à la fois accusateur et juge, caresse l'espoir de porter bientôt sur sa poitrine la décoration de l'Aigle noir, juste récompense de tant de zèle et d'équité...

Le Maire de Cuchery, Astier-Dervin, Planson et autres se frottent les mains : l'iniquité a triomphé, nul n'a pu pénétrer dans l'enceinte du conseil de guerre et les Prussiens garderont le secret le plus profond sur les dépositions qui s'y sont produites ; rien ne transpirera.

M. Sibeaux a un autre sujet de se réjouir : plus de dénonciation possible pour délit de droit commun ; la bouche du curé de Cuchery est fermée à tout jamais, sa voix accusatrice ne se fera plus entendre, vibrante et sonore, comme le jour de la Saint-Vincent ; son index ne se tendra plus, menaçant, terrible, implacable, vers celui qu'il désignait alors à ses concitoyens ; de cela encore ni vestige ni témoin.

Erreur ! Messieurs, erreur !... Ils sont trois : Dieu, qui déjà prépare votre châtiment ; la ville de Reims, dans les murs de laquelle a été consommé l'horrible forfait et qui, dès à présent, voue à la honte les meurtriers en glorifiant la victime ; et cette modeste croix de bois noir, qui, dans la partie la plus humble du Cimetière du Nord, est entourée du respect et de la vénération de tous ; voilà ceux devant lesquels vous aurez bientôt à répondre !

Quelques jours se sont écoulés. Une simple couronne d'immortelles renfermant en son disque cette inscription : *Gloire au Martyr !* vient, sous l'impulsion d'une main généreuse et française, orner la tombe de Charles Miroy. Le premier pas est fait.

Mais, à quelques jours de là et à quelques lieues de distance, on danse à Cuchery, dans un local appartenant à M. le maire, chez qui, en dépit de tous les règlements de police, on vend à boire jusqu'à minuit ; on danse ensuite en place publique. Vu la solennité de la circonstance, le nombre des musiciens a été augmenté : ils sont trois au lieu d'un. Le sieur Planson, lui-même, prête son gracieux concours à la cérémonie ; il joue du cornet à pistons. Parfois, et couvrant le bruit de l'orchestre, des hurlements, des vociférations se font entendre ; ce sont les Prussiens avinés qui, sur le refus des femmes, se livrent entre eux à la danse et troublent le repos public de manière à nécessiter les protestations de Dervin et de deux autres habitants de la localité, au nom du respect dû aux douleurs de la France.

Peu soucieux de voir intervenir une main étrangère qui arrache leur masque, ces messieurs le lèvent eux-mêmes !

Pourtant le deuil de l'abbé Miroy est porté dans Cuchery même. L'église, veuve de son desservant, est triste et déserte. Un énorme cadenas de fer est suspendu à sa porte et semble dire au passant qui s'en étonne : *Fermée jusqu'à expiation.*

CHAPITRE XIII

LA VILLE DE REIMS ET LES EMPLOYÉS DU CHEMIN DE FER

Cinq mois après le douloureux sacrifice, par une belle et magnifique soirée du mois de Juillet, douze hommes, deux dames et une ravissante petite fille, longeaient par petits groupes la chaussée qui conduit de la porte Mars au cimetière de la ville de Reims.

C'était les sieurs Bobet, Laurent, Vidal, Herlicq, Chébroux, Chevalier, Rouart, Baratte, Deurle, Draucourt, Michel et Margaine, tous employés au chemin de fer de l'Est.

Mesdames Herlicq, mère de l'un d'entr'eux, Laurent, épouse de l'un des susnommés et leur enfant, qui devenue grande conservera encore le souvenir de cette touchante soirée.

L'un d'eux était porteur d'un tableau encadré de noir, d'autres étaient munis des différents outils nécessaires à leur œuvre et tous se dirigeaient de concert vers le lieu de sépulture du prêtre Miroy.

La grille du lieu saint étant franchie les différents groupes se réunissent et s'avancent vers le canton des fosses communes. Ils y arrivent ; une voix s'élève et fait entendre ce mots : C'est ici ! Les fronts se découvrent aussitôt respectueusement devant l'humble Croix de bois noir.

De nombreuses couronnes d'immortelles sont venues joindre leur emblême de tristesse, de glorification et de regrets à la première, et au pied de la Croix apparaît un médaillon renfermant cette inscription :

DOULOUREUX SOUVENIR
A MON FILS

Une voix discrète laisse alors échapper entre un soupir contenu et une larme bien pure, l'expression suivante : « Pauvre père ! »

Hélas ! il n'est que trop vrai, car de toutes les douleurs d'ici-bas, la plus amère, la plus terrible, la plus poignante est devenue son partage, on lui a tué son enfant.

Combien n'a-t-il pas dû souffrir, combien ne souffre-t-il pas encore ce père infortuné, car il est arrivé à cette période de la vie où cessant de vivre pour lui-même, l'homme revit en ses enfants.

Il s'était sacrifié, dépouillé, pour donner à cet autre lui-même les bienfaits de l'éducation et l'instruction si coûteuse que nécessite la prêtrise ; le souffle de l'iniquité a passé sur ses soins paternels, et tout a été anéanti, son fils est mort !

Il avait placé dans cet enfant, objet de tant de soins, de sollicitude et d'amour, toutes ses espérances, c'est sur lui qu'il avait compté s'appuyer à l'heure des infirmités et de la décrépitude ; et lorsque sa main tremblante va chercher, pour suppléer à l'épuisement de ses forces, le bras aimant et dévoué de l'être chéri auquel il a donné le jour, il ne rencontrera que le vide affreux du néant et l'horrible creux d'une tombe….. Pauvre père !.. »

Il ne le verra plus, ce fils, ne l'entendra plus et n'aura pour se consoler de tant d'angoisses et de soupirs que les rides creusées par le chagrin sous ses cheveux blancs et les sillons brûlants de ses larmes.

Qui donc pourra le consoler, qui donc pourra désormais tarir la source amère de ses pleurs ? Hélas ! l'infortuné n'a même plus conservé conscience de la vie ; le tintement de la cloche appelant les fidèles à l'église, les chants du prêtre, les cérémonies religieuses, sont devenus pour lui autant de spectres acharnés au réveil de ses souffrances, il ne croit plus aux hommes, il ne pense plus à Dieu. Son désespoir est immense, sa vie n'est plus qu'un long sanglot ! Il pleure le jour, pleure la nuit et n'implore du ciel que le repos bienfaisant de la tombe qui devra le réunir à ce fils qu'il a tant aimé… Pauvre père !

Telles furent les tristes pensées qui traversèrent soudain l'esprit de ces douze Français qui de leur propre volonté et sous l'impulsion d'un sincère et honorable patriotisme venaient rendre hommage au martyr en lui ouvrant les portes de la glorification.

Les couronnes furent alors soigneusement enlevées et posées à terre, le cadre fut fixé à l'arbre de la croix et découvrit l'épitaphe suivante :

FRANÇAIS !

CI-GIT DE CUCHERY L'HONORABLE PASTEUR
MIROY, SOLDAT DU CHRIST, MORT SUR LE CHAMP D'HONNEUR
D'UNE LARME EN PASSANT HONORONS SON MARTYRE
POUR QUE DIEU LA LUI RENDE EN UN CHASTE SOURIRE

Ainsi que le Sauveur, sous l'humaine furie.
Faisait de l'échafaud, signe d'ignominie
Un étendard de gloire et de rédemption
Que venait couronner la résurrection ;
Par ton sang généreux ennoblissant la terre
Qui recouvre aujourd'hui ta mortelle poussière.
De ton humble trépas l'insigne cruauté
Consacre ta mémoire à la postérité.

Elle transmet brillant au burin de l'histoire
Ton nom qui doit rester aux fastes de la gloire ;
Et l'homicide plomb qui fut son instrument
Sur ta modeste croix érige un monument.
Monument éternel en cette amère vie !
Sur lequel Charité ! Gloire ! Honneur et Patrie,
Comme autant de rubis que rien ne peut ternir,
Orneront à jamais ton vaillant souvenir.

Calme comme Jésus, ferme comme Cambronne,
De l'immortalité vas cueillir la couronne.
Fais grâce à tes Judas, fais grâce à tes bourreaux.
Subsistes noble et fier au milieu des tombeaux !..
Car en ces temps affreux de publiques alarmes,
Il n'est pas un seul jour où de discrètes larmes
Ne viennent honorer, dans un sombre transport,
L'auguste majesté d'une aussi belle mort.

D'un Dieu de dévoûment apôtre magnanime !..
Dors et revis au ciel, héroïque victime !....
L'holocauste sanglant dont tu fus le martyr
Ne pouvant s'effacer de notre souvenir ;
Nous te saluerons à l'heure solennelle
Où, réunis, groupés en phalange immortelle,
Les braves immolés en ce funeste lieu
Se serreront la main près du trône de Dieu.

L'écrit était signé du nom de son auteur pour ne pas compromettre un innocent en cas de susceptibilité farouche de la Prusse. Trois soldats prussiens qui promenaient leurs germaniques loisirs dans le cimetière, assistaient avec cet air stupide et hébété qui caractérise les automates à ressorts à cette scène imposante à laquelle, du reste, ils ne comprenaient rien,

Ceci terminé une voix prononça les paroles suivantes :

« Notre devoir envers le Martyr est accompli ;

» A lui les palmes de l'immortalité,

» A nous la vengeance !

» Vive la France !.... »

Un vœu discret, mystérieux et ardent pour la patrie s'éleva enveloppé dans la prière pour le martyr et chacun reprit paisiblement le chemin du foyer domestique.

Déjà la pensée d'une exhumation et d'un monument élevé à la glorification du martyr couvait dans l'esprit de la population rémoise toujours si admirablement sympathique aux grandes et nobles infortunes. Mais à dater de ce moment l'élan est donné, elle accourt, elle s'empresse autour de la tombe et vient approuver les sentiments exprimés par l'épitaphe. Ni l'arrogance des sabres d'Attila, ni la pression de ses cohortes d'esclaves ne peuvent paralyser ni arrêter cet enthousiasme discret et religieux qui se manifeste, se traduit et se reproduit sous toutes les formes au pied de la modeste croix, et sous les yeux de l'ennemi même la résurrection commence.

Plus la terreur prussienne est profonde, plus le dévouement du prêtre obscur grandit ; plus elle le comprime, plus il se dilate, et en face de cette imposante basilique, de ce majestueux chef-d'œuvre de la foi de nos aïeux sur le fronton duquel la noblesse, la gloire et la grandeur des générations passées protestent silencieusement contre l'avilissement apporté par l'invasion étrangère, l'apothéose du glorieux supplicié apparaît, se dessine, se colore, se développe, s'élance dans l'espace, et sur les nuages lumineux de son brillant météore, le Martyr monte au ciel en dépit des dénonciateurs et des bourreaux. Rien ne peut désormais entraver sa marche triomphale vers l'admiration de la postérité, car l'histoire fera son devoir.

Quelques jours plus tard et sous l'inspiration du légitime sentiment qu'engendre toujours la délation, la poésie suivante était conçue et enfantée devant la tombe du martyr :

AU DÉNONCIATEUR DE L'ABBÉ MIROY

Vous avez lâchement, en un jour de démence,
Aux barbares du Nord livré comme un agneau
L'infortuné Miroy, digne fils de la France
    Qui gît sous ce tombeau

Il était jeune encore et sa main indignée
A l'aspect des malheurs du pays qu'il aimait,
Malgré lui s'agitait par l'honneur stimulée
    Et son sang bouillonnait.

Il était prêtre, hélas, et son âme indécise
Devant un ennemi plus heureux que vaillant,
Entre un mousquet vengeur et les vœux de l'église
    Hésitait en pleurant.

Loyal et tendre fils, il adorait sa mère
La France dont le sang coulait à larges flots,
Ce sang était le sien, et sa douleur amère
    S'exhalait en sanglots.

Que vous avait-il fait? et quel affreux vampire
En ce néfaste jour troublait votre raison ?
Etiez-vous au pouvoir d'un infernal délire
    Ou d'un sombre démon ?

Est-ce sous un désir d'implacable vengeance
Que vous l'avez aux siens enlevé pour jamais,
Pour avoir abrité sous un autel de France
    Quelques fusils français.

Insensé !.. malheureux !.. le sanglant sacrifice
Est à peine accompli, qu'une sourde rumeur
S'élève en invoquant la divine justice
    Contre le délateur.

Voix terrible, incessante, imposante et sonore,
Que ne peut étouffer le sabre des uhlans ;
Voix que près du Seigneur vous entendrez encore
        Au terme de vos ans.

C'est en vain que du temps par lequel tout s'altère
Vous invoquez tout bas la raison et l'esprit ;
L'homme qui vint pousser Jésus vers le calvaire
        A subsisté maudit.

Comme lui désormais en ce pénible monde
Vos jours se passeront sans trêve, sans sursis,
A braver sans succès, dans votre erreur profonde,
        Les vagues du mépris.

Comme lui sans repos errant sous l'anathème,
Vous n'éviterez pas la colère du ciel ;
La tache du forfait qui souille le baptème
        Est un signe éternel.

Rien ne peut l'effacer, rien, pas même la tombe ;
Elle en surmontera la triste obscurité :
Et vous retrouverez le sanglant hécatombe
        Dans votre éternité.

C'est en vain qu'à nos yeux sur le champ du supplice,
La victime fit grâce à l'heure du trépas :
Des siècles à venir l'inflexible justice
        Ne pardonnera pas.

Vos deux noms resteront enlacés l'un à l'autre,
Le sien pur, entouré de respect et d'honneur,
Vénéré, glorieux, immortel..... et le vôtre
        Tout palpitant d'horreur.

Caïn !.. Caïn !.. Caïn !.. qu'as-tu fait de ton frère ?....
Tel est le cri fatal exhalé de ce lieu,
Qui devra retentir à votre heure dernière
        Dans la bouche de Dieu.

Dieu, qu'alors vous verrez impassible et sévère,
Insensible aux regrets, et sourd au repentir,
Tel enfin que jadis vous fûtes sur la terre
        Pour le pauvre martyr.

En vain dans la terreur, pour votre félonie
Vous espérez trouver une excuse, un appui ;
Vous auriez bien mieux fait de quitter cette vie
        En mourant avec lui.

Comme celle de Dieu, dont elle est l'avant-garde et l'écho précurseur, la justice du peuple ne fait jamais rien à demi, et si parfois elle est terrible, elle est en échange sublime lorsqu'elle s'élève dans un élan solennel et magnifique de spontanéité pour ouvrir les portes du Temple de Mémoire à l'une des plus nobles victimes du plus honorable des sentiments.

L'attitude de la ville de Reims en ces douloureuses circonstances ne s'est point démentie, elle a été des plus dignes et des plus honorables. Déjà l'un de ses enfants, M. René de Saint-Marceaux fils, a saisi le burin glorificateur, et c'est avec un sentiment sincère de bonheur et de satisfaction que nous saluons en passant l'artiste distingué devenu notre collaborateur dans l'œuvre de réparation envers le valeureux trépassé.

La noble victime ne restera pas dans la fosse que lui ont creusée les barbares du Nord. Le peuple rémois ne le veut pas, honneur à lui !..

CHAPITRE XIV

L'EXHUMATION

La barbarie prussienne avait à peine satisfait son atroce vengeance que déjà le projet d'un monument commémoratif et glorificateur avait été conçu dans l'esprit de la population rémoise.

Une souscription publique avait été secrètement ouverte, l'acquisition d'un terrain faite, un caveau construit, et quelques jours après la scène que nous avons reproduite au chapitre précédent, l'exhumation du prêtre Miroy était résolue et arrêtée.

Au jour fixé pour la discrète cérémonie, la fosse du Martyr est ouverte, un prêtre escorté d'un enfant de chœur et assisté d'un commissaire de Police pour l'accomplissement des formalités légales sont présents.

Quelques personnes de la ville et les employés du chemin de fer de l'Est sont là, ainsi que le fidèle Dervin qui vient donner à son curé déjà tant regretté avec son douloureux et déchirant adieu, ses honorables larmes.

Le cercueil est enfin découvert et le cadavre de l'abbé Miroy apparaît aux yeux des spectateurs attristés.

Il est presque intact, le bandeau fatal, traversé par une balle, est encore sur ses yeux ; on l'enlève.

Par un de ces hasards providentiels et parfois bien surprenants, le visage du martyr est resté distinctement et profondément empreint sur la partie intérieure du couvercle, cette circonstance produit sur le cercle des personnes présentes une vive sensation.

Le corps de la victime est alors respectueusement déposé dans un nouveau cercueil ; ses chaussures, le bandeau fatal et le couvercle sont mis de côté pour être transportés à la métropole, le prêtre officiant psalmodie les prières des morts et le cortége se met en marche vers le lieu de la nouvelle et définitive sépulture.

Les assistants se forment en cercle, le cercueil est descendu dans le caveau et le discours suivant allait être prononcé lorsqu'une prière dictée par la prudence, mais mal inspirée quant au porteur, vint l'arrêter au passage. Nous le reproduisons néanmoins.

MESSIEURS,

En présence de la silencieuse majesté de la mort, et sous l'inspiration de l'honorable et légitime devoir que nous accomplissons en ce moment, daignez me permettre d'interpréter le pieux sentiment qui, en absorbant nos âmes péniblement attristées, nous réunit devant une tombe.

L'homme en l'honneur duquel je suis heureux et fier de porter la parole, était un humble prêtre, un noble cœur qui palpitant sous une soutane aurait honoré une cuirasse.

Disciple de Jésus-Christ, il eut comme le divin Maitre son Judas Iscariote, et comme lui il exhala son dernier soupir dans un pénible supplice.

Nous ne reviendrons pas sur les douloureuses circonstances qui précipitèrent sa fin tragique et imméritée ; il faudrait pour cela soulever l'écume encore toute sanglante de cet océan de fureurs qui, comme un torrent de laves dévastatrices, vint brusquement et inopinément fondre sur un pays d'autant plus aimé qu'il fut malheureux ; et aux larmes d'un lugubre et terrible passé nous devons préférer aujourd'hui le consolant sourire de l'avenir.

Victime de son noble dévouement à la patrie, l'infortuné dont nous honorons en ce moment le sensible et vivant souvenir vint sous l'inique arrêt de mort qui le frappait, offrir sa vaillante poitrine au plomb barbare et meurtrier de l'étranger avec ce calme, cette dignité et cette évangélique résignation qui dénotaient en lui trois qualités essentiellement honorables :

La charité profonde envers des frères malheureux qui engendre les actes souvent obscurs peut-être, mais toujours élevés quand on les considère d'un peu plus haut que la terre ;

L'amour ardent de la patrie qui fait surgir les héros et leur gloire ;

Et enfin la foi inébranlable et invincible d'une irréprochable conscience qui fait éclore les martyrs en perpétuant leur mémoire.

C'est donc remplir un devoir à la fois pieux et sacré que de venir à la face de Dieu lui rendre un solennel et éclatant hommage

en lui traduisant exprimés en un autre langage les regrets et les
fraternels adieux de cette magnifique population rémoise toujours
si admirablement sympathique aux grandes infortunes.

La ville de Reims au digne et respectable abbé Miroy,
curé de Cuchery

Trop longtemps dans la nuit d'une tombe ignorée,
Infortuné Miroy, ta mémoire inhumée
    N'obtint que des soupirs ;
Le jour se lève enfin, le divin clairon sonne !. .
Et le peuple a tressé l'immortelle couronne
    Qui sacre les martyrs.

Accepte de ses mains l'asile funéraire,
Qui sera désormais l'arche dépositaire
    D'une rare valeur ;
Et l'autel radieux où notre âme attendrie,
Viendra puiser vivant l'amour de la patrie
    Dans toute sa ferveur.

Apparais glorieux sur un fond triste et sombre,
Comme l'astre brillant qui se levant dans l'ombre
    Eclaire l'horizon.
Et sur nos fronts courbés que ta main bienfaisante
Fasse passer soudain magique et frémissante
    Ta bénédiction.

De ce peuple attristé par ton affreux supplice,
Bénis en souriant la suprême justice,
    Et sous ton humble croix ,
D'un noble sentiment, honorable victime !
Héros presque oublié !. réveilles-toi sublime
    A sa puissante voix.

Réveilles-toi vainqueur sur une fin cruelle
Car après l'holocauste et sa douleur mortelle
    Vient l'expiation ;
Et le jour solennel où le flot populaire
Dans un mâle transport fait surgir de la terre
    La résurrection.

La résurrection qui suscite la gloire,
Et qui prenant un nom le transmet par l'histoire
    A l'humain souvenir ;
Tandis qu'en tous les cœurs, sa mémoire vivante
Plane sur le trépas et passe triomphante
    Aux siècles à venir.

Honneur à toi ! martyr d'une aveugle colère,
Sur le sol désolé de ta vaillante mère
    Subsistes valeureux !
Et sous l'obscurité de l'humble sarcophage.
Viens accueillir enfin le solennel hommage
    De nos brûlants adieux.

Par ce peuple loyal de notre chère France!..
De toutes les vertus honorant la vaillance,
    Adieu donc noble cœur !
Sois béni, prêtre obscur, dont l'infortune immense
A trouvé près de Dieu sa juste récompense
    Dans l'éternel bonheur.

Savoures du Seigneur la paix douce et profonde,
Et qu'après avoir bu dans ce pénible monde
    L'amertume du fiel ;
Tes lèvres désormais livides et glacées
S'abreuvent à longs traits dans les cités sacrées
    A la coupe du miel.

Adieu vaillant Français ! que sur ton mausolée,
L'immortelle à la palme à jamais enlacée
    Etende ses rameaux ;
Et puisses-tu trouver des fleurs épanouies
D'un céleste sourire à jamais embellies
    Au réveil des tombeaux.

Dors en paix jusqu'alors sous cette noble terre
Qui de ton souvenir restera toujours fière,
    Et qui sous d'autres lois,
D'un nouvel avenir respirant l'énergie,
Se lèvera bientôt sur son ignominie
    Plus grande qu'autrefois.

Le monument qui doit être érigé à la mémoire de l'honorable et respectable curé de Cuchery se trouvant aujour-
d'hui en voie d'exécution, le peuple attend avec impatience
l'instant solennel où il lui sera donné de venir rendre à
l'infortuné l'hommage le plus éclatant qu'il soit permis d'ac-
corder à la mémoire d'un homme. Mais hélas, c'est bien long.

Reims. — Imprimerie Matot-Braine.

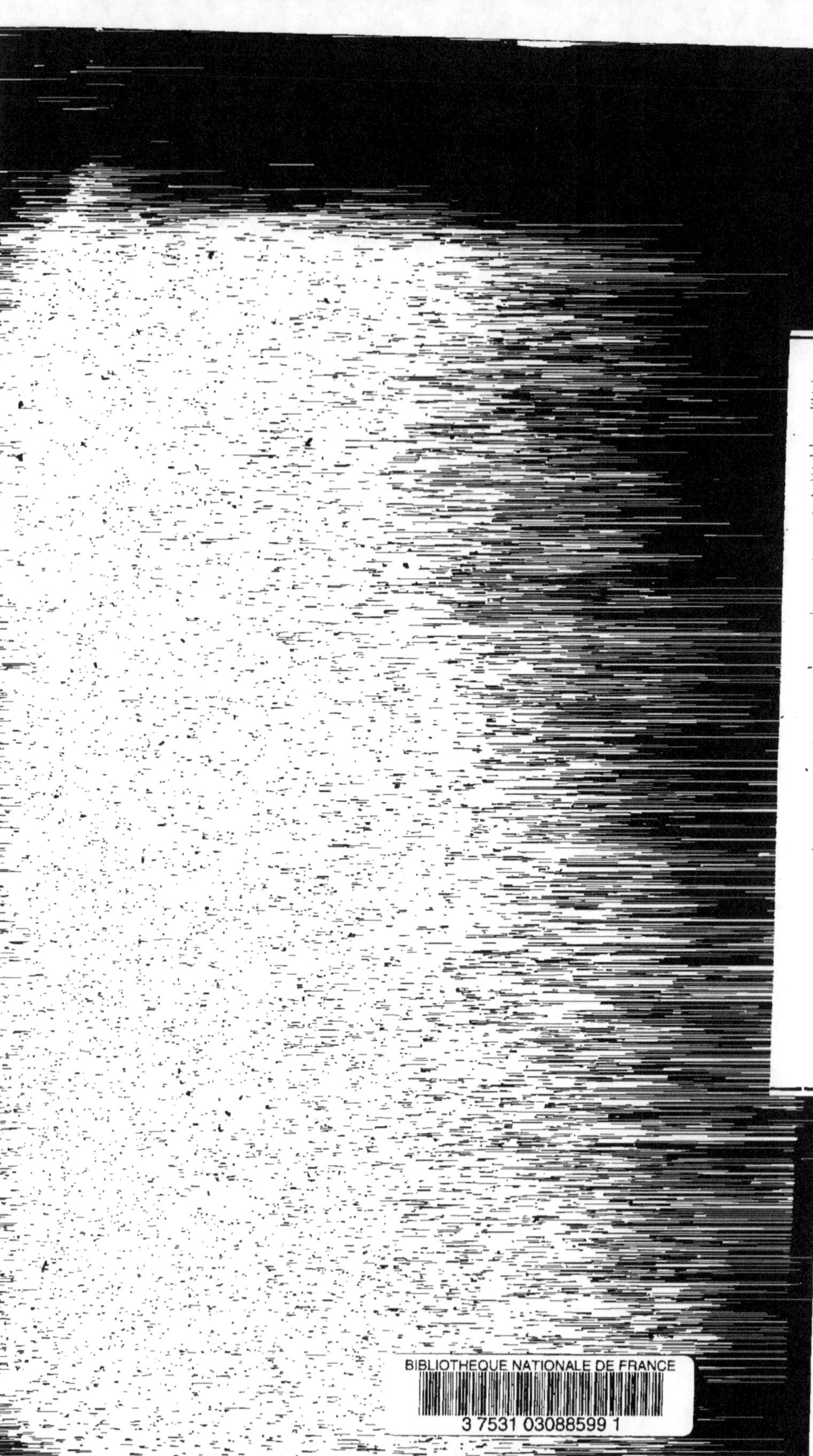

BIBLIOTHEQUE NATIONALE DE FRANCE
3 7531 03088599 1

www.ingramcontent.com/pod-product-compliance
Lightning Source LLC
Chambersburg PA
CBHW051144050726

47594CB00003B/1235